CAMPAGNE DE 1815.

PARIS. — IMPRIMERIE DE BOURGOGNE ET MARTINET,
rue Jacob, 30.

CAMPAGNE DE 1815

CORRESPONDANCE

ENTRE

M. LE LIEUTENANT-GÉNÉRAL BARON JOMINI

ET

M. LE DUC D'ELCHINGEN.

EXTRAIT DU SPECTATEUR MILITAIRE.

PARIS,

IMPRIMERIE DE BOURGOGNE ET MARTINET,

RUE JACOB, 30.

Décembre 1841.

CAMPAGNE DE 1815.

CORRESPONDANCE

ENTRE

M. le Lieutenant-Général Bon Jomini

ET M. LE DUC D'ELCHINGEN.

La campagne de 1815 a donné lieu, comme chacun sait, à d'importantes discussions ; quelques reproches ont été adressés au maréchal Ney, pour n'avoir pas occupé le 15 juin la position des Quatre-Bras, ainsi qu'il en aurait reçu l'ordre. On a déduit de ce retard présumé que le mouvement pour achever le 16 la défaite de l'armée prussienne, à Ligny, n'avait pu avoir lieu, et par suite on a voulu faire peser sur ce maréchal une partie de la responsabilité de notre grand désastre militaire.

Plusieurs personnes ont à diverses reprises entrepris avec succès la défense du maréchal Ney; M. Gamot, son beau-frère, publia en 1819 une première réfutation; il avait été aidé dans son travail par le général Foy, qui commandait une division dans le corps du général Reille; par le maréchal Davoust, ministre de la guerre en 1815, et par le colonel Heymès. Celui-ci écrivit ensuite sur les événements dont il avait été témoin une relation détaillée que nous avons insérée dans ce recueil. Enfin, M. le duc d'Elchingen, second fils du maréchal, ayant réuni des documents inédits d'une grande importance, les a accompagnés d'observations qui ont été imprimées l'année dernière. Cette publication a amené entre M. le général Jomini et M. le duc d'Elchingen une correspondance qui nous a été communiquée et que nous donnons à nos lecteurs. Elle jette un jour nouveau sur cette question, et doit intéresser à un haut point tous les écrivains militaires.

Pour bien comprendre cette discussion, nous invitons nos lecteurs à avoir sous les yeux le tome IXe des Mémoires de Napoléon (1), ainsi que les documents publiés par M. le duc d'Elchingen (2).

(1) Mémoires pour servir à l'histoire de France sous le règne de Napoléon, écrits à Sainte-Hélène sous sa dictée par les généraux qui ont partagé sa captivité; 2e édition disposée dans un nouvel ordre, et augmentée de chapitres inédits, etc. Paris, 1830. Bossange père, libraire; 9 volumes in-8°.

(2) Documents inédits sur la campagne de 1815 publiés par le duc d'Elchingen. 1840. Chez Anselin, rue et passage Dauphine, 36.

A MONSIEUR LE DUC D'ELCHINGEN.

Monsieur le Duc,

J'ai bien lu et médité les observations que vous m'avez fait l'honneur de m'adresser sur mon *Précis politique et militaire de la campagne de* 1815, imprimé depuis deux ans, mais non encore publié.

Tout en rendant la plus entière justice au sentiment filial qui vous porte à détruire les reproches adressés à M. votre père sur les retards de l'occupation des Quatre-Bras, dans les journées du 15 et du 16 juin, je dois rendre justice aussi à la franchise et à l'impartialité qui règnent dans toutes vos recherches et dans les convictions qui vous animent.

Vous avez dû remarquer par mon récit que j'exprimais des doutes réels sur ce qui s'est passé relativement à cette occupation, jusqu'au 16 juin à 9 heures du matin, moment où le général Flahaut partit, dit-on, de Charleroi avec l'ordre *écrit* de s'emparer de ce point. Ces doutes ne vous ont pas entièrement satisfait, et vous voudriez me faire partager toutes vos convictions, ce qui n'est pas sans difficultés en présence des nombreuses contradictions qui résultent des documents publiés.

Napoléon et le général Gourgaud affirment, avec des circonstances qui semblent de nature à mériter confiance, qu'un premier ordre de faire occuper ce poste important avait été donné verbalement, le 15 au soir, au commandant de l'aile gauche.

A ces assertions vous opposez :

1° Une lettre du major-général qui ne parle que de Gosselies et non des Quatre-Bras;

2° Les expressions et la date de la lettre dictée le 16 au général Flahaut;

3° Votre conversation avec le maréchal Soult en 1829;

4° La déclaration du général Heymès, témoin oculaire;

5° Une déclaration du général Reille, portant que le 16, à 7 heures du matin, M. le maréchal Ney lui avait dit qu'il attendait des ordres; d'où vous concluez qu'il n'en avait point encore reçu.

Les raisons que vous donnez sont puissantes, monsieur le duc; toutefois, la dernière surtout, pourrait aussi être expliquée différemment; le maréchal aurait bien pu avoir reçu des ordres verbaux dans la nuit, et dire néanmoins au général Reille qu'il en attendait encore; car il pouvait supposer qu'une modification grave surviendrait dans les combinaisons de l'Empereur, par suite des rapports qu'il venait de lui faire, selon son propre dire.

Ma grande habitude des opérations de la guerre et des travaux de l'état-major m'engage à vous retracer un aperçu de la manière dont il me semble que les choses ont dû se passer, sans prétendre néanmoins m'ériger en juge dans ce grand débat, et sans reproduire ici le récit des opérations qui se trouve déjà dans mon volume.

Napoléon, débouchant de Charleroi avec toute son armée, avait devant lui deux chaussées formant presque un angle droit, c'est-à-dire s'en allant en direction divergente, l'une au nord sur Bruxelles, où était Wellington, et l'autre à l'est sur Namur, où était Blücher.

La route de Charleroi à Bruxelles, se trouvant à la fois sur l'extrême gauche des cantonnements anglo-néerlandais et sur l'extrême droite des cantonnements prussiens, était évidemment le point où la jonction des deux armées devait s'opérer. Une route transversale qui lie ces deux chaussées va de Namur directement à Bruxelles et dans le Hainaut; elle passe à Sombref, joint la chaussée de Bruxelles aux Quatre-Bras, et forme ainsi la base d'un triangle dont Charleroi se trouve le sommet.

Au moindre coup d'œil sur la carte, on voit qu'en occupant Sombref, on empêchait les Prussiens venant de Namur de s'unir aux Anglais, comme en occupant les Quatre-Bras on empêchait les Anglais venant de Nivelles et de Bruxelles de se joindre aux Prussiens. Cette double combinaison ne pouvait échapper à l'œil d'aigle de Napoléon : aussi est-il avéré qu'il donna à Grouchy l'ordre verbal de pousser le 15 jusqu'à Sombref, si la chose était possible. Ne doit-on pas en conclure dès lors qu'il dut témoigner aussi au commandant de sa gauche le désir de pousser jusqu'aux Quatre-Bras, puisque ce poste décisif se trouvait plus près du corps de Reille que Sombref ne l'était des troupes de Grouchy ?

Quant à moi, je crois connaître trop bien le génie de l'Empereur pour douter qu'il ait conçu, dès le 15 juin, le projet de faire occuper les Quatre-Bras; et devant les assertions venues de Sainte-Hélène, je ne saurais exprimer la moindre pensée contraire, bien que la déclaration du duc de Dalmatie, citée à la page 30 de votre brochure, jette quelque incertitude dans mon esprit (1).

(1) Le duc de Dalmatie déclara dans cette conversation que l'ordre

Admettant donc l'existence de cet ordre verbal du 15, la question principale serait encore de savoir en quels termes il fut conçu. Prescrivit-on au maréchal *de donner tête baissée sur tout ce qu'il trouverait dans cette direction*, ainsi que l'affirme le livre IX de Sainte-Hélène, page 81 (1)? ou bien se borna-t-on à lui recommander, comme à Grouchy, de marcher le plus vivement possible sur la route de Bruxelles, en ayant soin de pousser son avant-garde jusqu'aux Quatre-Bras? L'ordre ayant été donné verbalement, il serait bien difficile de prononcer entre ces deux hypothèses; mais tout ce que vous avez publié de renseignements dans votre brochure, et tout ce qui s'est passé le 16, autorise à admettre la seconde version. Dans ce cas, je crois qu'on serait autorisé à tirer de ce fait des conclusions différentes de celles qui ont été admises jusqu'à ce jour; voici pourquoi :

L'infanterie de Vandamme et de Gérard ayant été retardée le 15 par des incidents inutiles à rappeler, et Grouchy n'ayant avec lui que de la cavalerie, fut arrêté vers Gilly par deux divisions d'infanterie prussienne; en sorte que, loin de pousser jusqu'à Sombref, il ne put pas même occuper Fleurus, qui resta aux troupes de Ziethen. Le maréchal Ney, se trouvant alors avec le corps de Reille au-delà de Gosselies, dut fort naturellement hésiter à se lancer avec trois divisions sur les Quatre-Bras, avant que le corps de d'Erlon, qui débouchait à peine de Marchiennes,

d'occuper les Quatre-Bras n'avait point été donné le 15 au soir, mais seulement le 16 après le déjeuner de l'Empereur. Il serait possible toutefois qu'un ordre verbal eût été donné le 15 sans que le major-général fût présent, et même sans qu'il en eût eu connaissance.

(1) Page 71 de la 2e édition.

l'eût rejoint; car la canonnade du combat de Gilly, qui grondait fort en arrière de lui, pouvait rendre ce mouvement dangereux. A la vérité, il se présente bien à la guerre quelques circonstances décisives où il ne faut pas trop s'inquiéter de ce qui se passe sur les derrières (témoin le peu d'importance que les Français attachèrent à la colonne de Lusignan, débouchant derrière eux à la bataille de Rivoli); mais ce sont des cas exceptionnels, et en thèse générale on ne saurait donner trop d'attention à ce que l'ennemi peut entreprendre sur la ligne de retraite: aussi Reille poussa-t-il la division Girard à droite sur Heppignies, pour se couvrir du côté de Fleurus, où Ziethen concentrait ses quatre divisions d'infanterie, afin d'y attendre les quatre divisions de Pirch, qui devaient arriver dans la nuit.

Certes, si le maréchal Ney avait eu ses sept divisions sous la main, il eût bien pu en porter quatre à Frasne et trois aux Quatre-Bras; mais sachant qu'il ne pouvait pas compter ce jour-là sur le corps de d'Erlon, et ignorant absolument où se trouvaient les forces de Wellington, peut-on lui faire un reproche d'avoir hésité à exécuter ce mouvement partiel et un peu excentrique, au milieu de deux armées qui ne comptaient pas moins de 220,000 combattants? Pour mon compte, je ne le pense pas, *à moins que l'ordre de donner tête baissée jusqu'aux Quatre-Bras n'ait été formellement exprimé* (1). Je vais plus loin: je crois

(1) Napoléon a écrit à Sainte-Hélène, d'après des souvenirs, n'ayant pas de documents écrits: sa mémoire était bonne, il est vrai; mais quand il s'agit d'ordres verbaux donnés dans le brouhaha d'une opération comme le passage de la Sambre, on peut, trois ans après, se faire illusion sur les expressions employées.

même que Napoléon, revenu à Charleroi après le combat de Gilly, dut se féliciter que sa gauche fût restée à la hauteur du reste de l'armée qui bivouaquait autour de Lambusart; car ici cette aile n'était point aventurée, et pouvait, dès 5 heures du matin, aller occuper les Quatre-Bras, en même temps que Grouchy marcherait vivement sur Sombref.

Cette vérité si palpable me porte à croire que, dans son entrevue avec le maréchal Ney, la nuit du 15 au 16, Napoléon exprima quelque chose de pareil (1). Il est bien certain du moins que, dès les premières paroles qu'ils échangèrent, l'Empereur dut entretenir le maréchal de ce qui avait été fait et de ce qu'il s'agissait de faire désormais : or, si le premier témoigna plus ou moins de regrets que la gauche se fût arrêtée entre Frasne et Gosselies, puisque la droite était restée vers Lambusart, *il ajouta nécessairement, ou qu'il fallait réparer ce retard dès le lendemain matin, ou qu'il verrait au point du jour les ordres ultérieurs qu'il conviendrait de donner après les rapports de la nuit.*

En effet, si le maréchal Ney n'avait pas revu l'Empereur depuis la réception de l'ordre du 15, il est clair qu'il eût été de son devoir de reprendre, dès le point du jour, l'exécution différée la veille; car, lorsqu'on opère à la distance d'une marche du quartier-général, et qu'un mouvement prescrit se trouve retardé par des incidents, il doit naturellement être exécuté aussitôt que possible, tant qu'il n'est pas

(1) Cela est si vrai, que dans le livre IX, page 87 (page 77 de la 2e édition), l'Empereur dit formellement que, le 15 au soir, tout avait réussi à souhait, et que son opération promettait un succès certain; aveu naïf du peu de prix qu'il attacha à l'occupation partielle et isolée des Quatre-Bras, pour ce jour-là.

révoqué. Mais, dès que les généraux avaient conféré longuement ensemble dans la nuit, postérieurement à la non-exécution de l'ordre, il en était tout autrement, et le maréchal pouvait regarder cet ordre antérieur comme non avenu, s'il n'était formellement confirmé. On voit donc que l'intention manifestée par l'Empereur dans cette entrevue constitue nécessairement le nœud de l'énigme. Laquelle des deux intentions susmentionnées exprima-t-il? Voilà toute la question; voilà aussi ce que Dieu seul peut décider, s'il n'y a point eu de témoin de cette conférence.

Pour moi, je ne puis me former une opinion que sur des apparences ou des conjectures; or, voici quelles sont ces apparences à mes yeux, si je me retrace bien la situation de l'esprit de l'Empereur et les données sur lesquelles il devait juger.

Napoléon ne comptait certes pas surprendre les armées alliées endormies dans leurs cantonnements, qui se trouvaient dispersés depuis Liége jusqu'à Malines; mais il comptait prendre l'initiative et les battre séparément au moment où elles s'efforceraient de se concentrer. Le premier des éléments de victoire était donc la rapidité; mais il fallait la rapidité de Rivoli, de Castiglione, et surtout d'Abensberg et de Dresde.

On avait donné d'abord sur les Prussiens, et leur résistance à Gilly annonçait que le gros de leurs forces ne devait pas être fort éloigné. Cela put déterminer l'Empereur à ne pas renouveler immédiatement l'ordre formel de marcher dès le point du jour aux Quatre-Bras, avant d'avoir reçu les rapports du matin. Grouchy écrivit le 16, dès 6 heures, que de grandes colonnes prussiennes, arrivant par la route de Namur, se formaient vers Ligny. Son rapport, que j'ai vu, aurait pu arriver à 7 heures; mais les choses ne vont pas toujours aussi vite qu'elles devraient, et il est probable que cette dépêche n'arriva guère avant 9 heures. Napoléon venait de dicter au général Flahaut l'ordre de marcher aux Quatre-Bras, et il annonçait dans cette lettre que pareil ordre avait déjà été expédié antérieurement par le maréchal Soult, mais qu'il envoyait son aide-de-camp Flahaut, parce qu'il était mieux monté que les officiers d'état-major, et qu'il arriverait plus vite.

Ces précautions attestent certainement qu'à ce moment l'Empereur attachait beaucoup de prix à la prompte exécution de ce mouvement, et autorisent à croire que, dès le point du jour, il en avait conçu la pensée; car il avait déjà prescrit au duc de Dalmatie de l'expédier, et dictait à 8 heures la confirmation d'un ordre antérieur. Mais tout cela semble indiquer aussi que, dans la conférence de la nuit, aucun ordre semblable n'avait été donné au maréchal Ney; si cela avait eu lieu, on n'aurait pas pris tant de soins pour lui envoyer l'ordre en triplicata après 8 heures du matin, quand il eût dû être déjà aux Quatre-Bras, si l'ordre lui en avait été donné à minuit.

Ce raisonnement m'amène à conclure que si un premier ordre fut réellement donné le 15 au soir, l'Empereur avait énoncé dans la conférence de la nuit qu'il en enverrait de nouveaux le lendemain; le contenu entier de la lettre du général Flahaut tend à le faire croire, ainsi que le dire de Reille.

Après avoir fait tout ce qui était en mon pouvoir pour éclaircir les événements du 15 et de la nuit, il me reste à pénétrer les mystères de la matinée du 16, et, dès mon début, je me trouve en présence d'une circonstance assez grave.

Le livre IX de Sainte-Hélène prétend que le maréchal Ney reçut *dans la nuit* l'ordre de se porter vivement sur les Quatre-Bras, et affirme en même temps que cet ordre lui fut porté par l'aide-de-camp général Flahaut (page 88 (1)). Or, votre brochure donne une lettre de ce général, affirmant que l'ordre en question lui fut dicté entre 8 et 9 heures du matin, ce qui, au mois de juin, est bien loin de la nuit. A la vérité, le général Flahaut dit aussi que cette dictée eut lieu de bonne heure, expression qui m'a étonné; car, à cette époque de l'année, 8 et 9 heures ne sont pas de bonne heure dans nos contrées.

J'ai exposé plus haut comment on pouvait tirer des expressions mêmes de cette dépêche l'induction qu'elle contenait le premier ordre formel d'aller occuper les Quatre-Bras. Une seule circonstance pourrait faire interpréter autrement les faits que je viens de citer : ce serait celle que rapportent les écrits de Sainte-Hélène (page 90 du livre IX) : « M. le maréchal Ney aurait » suspendu une seconde fois son mouvement sur les » Quatre-Bras, parce qu'il avait appris que la jonction » des deux armées ennemies était opérée, et qu'il pen- » sait que cela pouvait changer les déterminations de » l'Empereur, dont il demandait les ordres. »

Nous trouvons, en effet, à la page 57 de votre brochure, que le général Reille alla voir le maréchal à 7 heures du matin, et que celui-ci lui dit qu'il attendait des ordres de l'Empereur, *auquel il rendait compte de sa position.*

(1) Page 78 de la 2e édition.

Il est probable que ce fait est le même que celui mentionné plus haut ; mais il est exprimé de telle manière que l'on ne saurait rien en conclure ni en faveur du maréchal ni contre lui, car le rapport paraît avoir été fait verbalement par un officier d'état-major, long-temps après le départ du général Flahaut. Les ordres dictés d'abord au maréchal Soult, et plus tard à ce général, ne furent donc point motivés par ce rapport; et les inductions que vous pouvez tirer de ces dépêches réitérées, pour prouver qu'il n'avait été donné dans la nuit aucune confirmation de l'ordre verbal du 15, restent dans toute leur force.

Au demeurant, il règne sur ce rapport du maréchal, comme sur beaucoup d'autres points, une grande obscurité ; le livre IX parle de l'arrivée de cet officier vers Fleurus au moment où l'on venait de reconnaître l'armée prussienne, c'est-à-dire vers midi. Or, le maréchal disait déjà, à 7 heures, à Gosselies, au général Reille, qu'il rendait compte de sa position et demandait des ordres. L'officier chargé de ce soin fut dirigé sur Charleroi : comment n'y serait-il pas arrivé avant le départ de l'Empereur?

D'un autre côté, je trouve dans la lettre du général Reille, qu'à 9 heures il reçut et expédia directement à l'Empereur un officier envoyé par le général Girard, annonçant que l'armée prussienne entière se formait *derrière Fleurus.* Une heure après, le maréchal Soult écrit de Charleroi au commandant de l'aile gauche, qu'un officier de lanciers vient d'annoncer que de grandes masses ennemies se montrent *du côté des Quatre-Bras.* Ceci fut écrit vers 10 heures, et coïncide avec l'envoi de cet officier de Girard. Serait-ce peut-être là le rapport suspensif mentionné page 90? D'une autre part, comment l'Empereur, répondant au rapport de l'officier envoyé par Reille, aurait-il confondu les Quatre-Bras et Fleurus (1) ? Et lorsqu'il faisait écrire dans la même dépêche que Blücher ayant passé la nuit à Namur, son armée ne pouvait rien détacher sur les Quatre-Bras, Napoléon ignorait-il tout ce que Grouchy, Girard et Reille avaient rapporté, ou bien ajoutait-il plus de foi à ses agents secrets qui lui donnaient des renseignements contraires? C'est ce que le plus habile ne parviendrait pas à expliquer. En définitive, il est malheureux que ce rapport attribué au maréchal ne soit pas arrivé écrit jusqu'à nous; il aurait certainement éclairci bien des doutes sur les ordres donnés antérieurement.

Mais laissons là toutes les suppositions auxquelles ces divers incidents pourraient donner lieu, et revenons aux faits. Le général Reille écrit de Gosselies, à 10 heures et un quart, que le général Flahaut lui a communiqué les ordres dont il était chargé pour le maréchal, ce qui fait supposer que ces ordres ont passé vers 10 heures à Gosselies, et ne sont arrivés à Frasne qu'à 11 heures, comme le colonel Heymès l'indique. Le général Reille ajoute : « qu'il suspend » sa marche sur les Quatre-Bras en l'absence du maré- » chal Ney, par la raison que des renseignements tout » récents sur l'arrivée de grandes masses prussiennes » lui paraissaient de nature à changer les dispositions

(1) Cela serait étrange, mais n'est point impossible : préoccupé de la pensée que Reille marche vers les Quatre-Bras contre les Anglais, Napoléon imagine peut-être que l'armée, dont l'officier envoyé par ce général annonce le rassemblement, n'est autre qu'une portion de l'armée anglaise qui doit couvrir les Quatre-Bras.

» de l'Empereur ; il attend donc un ordre positif du » maréchal. »

Cet incident, qui fût, certes, un malheur, occasionna un nouveau retard ; mais ce n'était plus un événement décisif, d'après ce qui se passait à Fleurus et à Ligny. En effet, il est évident que si le maréchal ne recevait l'ordre à Frasne que vers 11 heures, et si Reille en attendait le résultat avant de se mettre en mouvement, il ne pouvait guère s'ébranler avant midi ; dès lors il n'y avait nulle possibilité de commencer l'attaque des Quatre-Bras avant 2 heures, ainsi que cela eut effectivement lieu. Or, à midi, on venait de reconnaître l'armée prussienne derrière Ligny, et il était un peu tard pour aller sur Genape, quand il s'agissait d'aller à Bry : mieux eût valu établir la moitié de la gauche en position devant le prince d'Orange, pour masquer au contraire ce corps, et disposer aussitôt de l'autre moitié pour compléter la défaite des Prussiens, manœuvre que les retards antérieurs n'empêchaient nullement d'exécuter.

On sait effectivement que si le premier et le plus important des principes de guerre est de réunir le gros de ses forces pour frapper un coup décisif sur une partie de la ligne ennemie, il en est un second qui en forme le complément : c'est celui de ne pas compromettre l'aile affaiblie, et au contraire de la refuser de manière à ce qu'elle ne puisse point être engagée dans une lutte inégale. Un engagement sérieux aux Quatre-Bras était donc un véritable malheur à cette heure-là.

Du reste, monsieur le duc, je vous renvoie à mon ouvrage, où j'ai exposé avec franchise ce que je pensais de cette incertitude qui a dominé dans toute la matinée du 16; et comme je m'aperçois que j'ai déjà écrit beaucoup trop longuement, je vais essayer de me résumer, aussi bien que cela sera possible, au milieu de tant de contradictions.

1° Il me paraît évident que Napoléon exprima, dès le 15, le désir que l'on occupât les Quatre-Bras, ainsi que Sombref. Mais comme la droite ne put dépasser Lambusart le 15 au soir, il est probable qu'il se consola de ce que la gauche fût restée entre Frasne et Gosselies.

2° Dans tout état de cause, le retard apporté à cette occupation du 15 devenait sans conséquence, puisqu'il suffisait qu'elle eût lieu le 16 vers 8 à 9 heures du matin. Si l'on voulait donc que la gauche s'ébranlât à cet effet dès le point du jour, il fallait nécessairement *en réitérer l'injonction dans la nuit*, car un ordre verbal, dont l'exécution se trouvait annulée par l'événement même de la veille, pouvait bien être considéré par le maréchal comme non avenu, dans l'idée assez probable que les événements amèneraient de nouvelles combinaisons le lendemain. D'ailleurs, pour rassembler les troupes un peu éparses de la gauche, il fallait bien que le corps de d'Erlon reçût ces ordres avant le jour. Tout consiste donc à savoir ce qui fut dit et fait dans la conférence de la nuit.

3° Quant à la journée du 16, les deux ordres expédiés de Charleroi entre 7 et 9 heures, l'un par le maréchal Soult, et l'autre par Napoléon lui-même, semblent avoir été en effet la première confirmation du mouvement prescrit, dit-on, le 15 au soir. L'une et l'autre de ces dépêches paraissent avoir précédé la réception des renseignements donnés par Grouchy sur l'arrivée de grandes masses prussiennes vers Ligny. Ce qui est étonnant, c'est qu'un ordre conçu sans doute par Napoléon vers 6 heures du matin ne soit arrivé à Frasne qu'à 11 heures, et n'ait reçu un commencement d'exécution qu'après midi (1).

4° Il est donc incontestable que tout l'espace de temps, depuis 5 heures du matin jusqu'à midi, ne fut point mis à profit d'une manière convenable, et, selon moi, tout le monde contribua un peu à cette faute ; car il y eut retard dans la résolution définitive, et lenteur dans la transmission des ordres comme dans l'exécution.

5° Quoi qu'il en soit, à midi la question change entièrement de face ; on se trouve en présence de 90,000 Prussiens ; l'intérêt tout stratégique de l'occupation des Quatre-Bras ne devient plus alors qu'un intérêt secondaire, devant l'avantage tactique d'avoir Ney plus près de soi, sous la main, afin de pouvoir jeter sans délai l'un de ses deux corps d'infanterie et sa grosse cavalerie sur le flanc droit des Prussiens, ce qui pouvait s'exécuter de Frasne tout aussi bien que des Quatre-Bras. Sans doute, il eût été désirable que ce point central des Quatre-Bras fût occupé préalablement par le corps de Reille et la cavalerie légère de Colbert et de Lefèvre-Desnouettes ; mais ce n'était plus là une question décisive, car, en définitive, on pouvait

(1) Pour admettre tous les récits de Sainte-Hélène et les bien concevoir, il faudrait 1° que le maréchal Ney eût reçu l'ordre verbal et pressant d'aller aux Quatre-Bras le 15 au soir ; 2° qu'il en eût reçu de nouveau l'injonction formelle dans la nuit, c'est-à-dire dans l'entrevue ; 3° qu'il eût, dès sept heures, déclaré dans son rapport qu'il suspendait de nouveau l'exécution à cause de la jonction des deux armées ennemies ; mais le contenu des lettres portées par Flahaut ou envoyées par le maréchal Soult, est réellement peu d'accord avec cette supposition.

couvrir la route de Bruxelles en laissant ces corps en avant de Frasne, pour masquer celui du prince d'Orange, et rien ne s'opposait à jeter d'Erlon et Valmy, avec 20,000 hommes, sur Bry, comme on le voulut trop tard.

6° Cette vérité, qu'aucun militaire éclairé ne contestera, prouve que la non-occupation des Quatre-Bras, le 16, quoique malheureuse au fond, n'aurait pas eu, dans le fait, les suites qu'on lui a attribuées, *si l'on eût donné à temps des ordres pour le meilleur emploi possible de la gauche*, ce qui ne fut fait qu'à 3 heures après midi.

Voilà, monsieur le duc, ce qui me semble ressortir de toutes les minutieuses investigations auxquelles je me suis livré. En conséquence, je demeure convaincu que si le maréchal Ney reçut l'ordre verbal du 15 au soir, et s'il prit sur lui d'en différer l'exécution, ce ne fut qu'un petit malheur très facile à réparer dès le 16 au matin. Quant à cette journée du 16 juin, je crois aussi que l'on ne saurait lui adresser aucun reproche, *à moins que dans la conférence de la nuit à Charleroi, il ne lui eût été réitéré verbalement l'injonction formelle de marcher au point du jour sur les Quatre-Bras*, chose incertaine et presque impossible à constater, s'il est vrai que le maréchal Soult n'ait pas été présent à l'entrevue (1).

Sans doute le maréchal Ney eût agi habilement en marchant à tout risque le 16 au matin sur ce point im-

(1) La déclaration du maréchal Soult, mentionnée dans votre brochure, page 30, porte que l'Empereur ne donna ordre d'occuper les Quatre-Bras que le 16, après son déjeuner; mais elle ne dément pas positivement ce qui a pu être dit de vive voix, et n'indique pas que le major-général ait assisté à la conférence de la nuit.

portant : mais il y a loin d'une hésitation motivée par une juste prudence, avec la non-exécution d'ordres formellement reçus ; et, pour blâmer cette prudence, il faudrait encore savoir si, dans la conférence de la nuit, l'Empereur ne donna pas à entendre qu'il enverrait de nouveaux ordres au point du jour, circonstance qui eût lié les bras au maréchal.

Dans tout ce qui précède, j'ai admis l'existence de l'ordre verbal du 15 au soir. Si vous parveniez à démontrer que l'ordre écrit et porté par Flahaut le 16 au matin fut le premier et le seul qui ait prescrit l'occupation des Quatre-Bras, alors le maréchal serait certainement plus que justifié de tout reproche et à l'abri de toute critique. Cette expression franche et sincère vous prouvera à quel point je suis disposé à rendre justice à M. votre père, tout en conservant l'impartialité d'un historien. La mienne est, j'espère, assez bien établie, pour que personne ne songe à me reprocher de vouloir porter la moindre atteinte à l'immense gloire de Napoléon, car personne ne l'a proclamée plus haut que moi. Un grand capitaine peut être conduit par de faux renseignements à faire des suppositions inexactes sur les intentions de l'ennemi, et se trouver entraîné par là à commettre une faute réelle, qui n'en serait point une, si les suppositions avaient été fondées. L'Empereur eut sans doute de puissants motifs pour ne prendre un parti décisif qu'à 3 heures ; et ce furent probablement les mêmes motifs qui le déterminèrent à n'envoyer Flahaut qu'à 9 heures, pour prescrire un mouvement qui, à cette heure, aurait dû être déjà exécuté.

Je n'ai pas cru devoir relever le reproche que plusieurs militaires ont fait au maréchal d'avoir rappelé d'Erlon à lui le 16 au soir, lorsqu'il vit le corps de Reille accablé par des forces supérieures : ce fut un incident malheureux par le fait, mais la plupart des généraux à sa place eussent sans doute agi de même. Le maréchal, appréciant l'importance de la route de Bruxelles à Charleroi, qui était la ligne de retraite de l'armée, jugea nécessaire de ne pas contre-balancer, par un désastre sur ce point, le succès partiel que l'Empereur pouvait obtenir à Ligny ; une telle résolution est du nombre de celles qui peuvent ne pas être opportunes selon la tournure des affaires, mais qu'aucun militaire éclairé ne saurait condamner. Aussi l'Empereur n'exprima-t-il, le lendemain (17 juin), d'autre blâme que celui d'avoir morcelé la gauche ; il aurait donc voulu ou que les deux corps vinssent à Bry, ou bien qu'ils combattissent réunis aux Quatre-Bras : or, puisqu'on se battait déjà sur le dernier point par ses ordres, comment aurait-on pu tirer Reille du feu pour l'envoyer avec d'Erlon à Bry ? On objectera alors qu'il ne fallait pas détacher celui-ci isolément. Mais on sait bien qu'il reçut par Labédoyère l'ordre direct de marcher sur Bry ; mouvement qui eût, certes, procuré une immense victoire, s'il eût été mené à fin.

Je terminerai ma longue épître par quelques mots sur la bataille de Waterloo, où M. votre père déploya toute sa brillante valeur. Ce qu'on a dit ou imprimé, relativement à l'emploi prématuré de la cavalerie, ne m'a paru qu'une excuse puérile ; le véritable mal fut de n'avoir pas pu la soutenir par l'infanterie.

A mon avis, quatre causes principales amenèrent ce désastre :

La première et la plus influente fut l'arrivée, habilement combinée, de Blücher, et le faux mouvement qui favorisa cette arrivée;

La deuxième fut l'admirable fermeté de l'infanterie anglaise, jointe au sang-froid et à l'aplomb de ses chefs;

La troisième, c'est le temps horrible qui avait détrempé les terres, rendu les mouvements offensifs si pénibles, et retardé jusqu'à une heure l'attaque qui aurait dû être faite dès le matin;

La quatrième fut l'inconcevable formation du premier corps en masses beaucoup trop profondes pour la première grande attaque.

La formation de masses aussi lourdes et aussi exposées aux ravages du feu fut une erreur incontestable... A qui doit-on l'imputer? C'est ce qui demeurera encore long-temps en problème.

Y eut-il une méprise causée par la double signification du terme de *colonnes par divisions*, qui s'applique indifféremment à des divisions de quatre régiments ou à des divisions de deux pelotons? Fatale confusion de mots dont personne n'a encore songé à purger la technologie militaire.

Fut-ce bien, au contraire, l'intention des chefs de l'armée française de former ainsi les troupes de manière à ce que les divisions de quatre régiments ne formassent qu'une seule colonne? Voilà ce qu'il serait intéressant de savoir, et qu'on ne saura sans doute jamais.

Du reste, comme je l'ai dit, ces causes n'étaient que secondaires, et la plus décisive fut toujours l'arrivée de Blücher avec 65,000 Prussiens sur le flanc et les derrières de la ligne française; c'est un de ces événements qu'il n'est pas toujours donné à la prudence humaine de conjurer.

Vous trouverez peut-être ma lettre pleine de redites et peu concluante en réalité : pour ce qui concerne les répétitions, elles étaient indispensables, afin de donner plus de clarté à mes raisonnements ; quant à mes conclusions, si elles ne sont encore qu'éventuelles, c'est que, loin de prétendre être juge, je dois me borner au rôle de simple rapporteur.

Agréez l'assurance de tous mes sentiments.

Général J*****.

Paris, 1er octobre 1841.

P. S. Je vous envoie ci-joint un exemplaire imprimé de la lettre que je me propose de joindre à la fin de mon *Précis politique et militaire de* 1815. En relisant avec attention cette lettre, je m'aperçois que trois observations essentielles m'ont échappé, et je crois devoir vous les signaler.

La première tend à fortifier l'opinion que Napoléon ne dut pas attacher de prix à l'occupation isolée des Quatre-Bras par l'aile gauche, dès que la droite ne pouvait pas pousser jusqu'à Sombref. En effet, il est évident que si les deux points étaient occupés simultanément, la position offrait alors les avantages les plus brillants unis à toute sécurité ; car la droite se trouvait couverte contre les Anglais, tandis que la gauche se trouvait à l'abri de toute inquiétude du côté des Prussiens, qui ne pouvaient plus arriver sur elle par Sombref. Ainsi les deux masses de l'armée ne se soutenaient pas seulement réciproquement, mais elles se délivraient même de tout souci d'être prises en flanc et à revers, et elles avaient de plus une réserve de

40,000 hommes d'élite qui marcheraient en intermédiaire pour les appuyer toutes deux.

Supposons au contraire la gauche de ces masses poussée isolément jusqu'aux Quatre-Bras sans que Sombref soit fortement occupé : alors il y a danger manifeste pour ce corps ainsi aventuré entre deux grandes armées, car il peut se trouver assailli de tous les côtés, de Bruxelles par les Anglais, de Nivelles par les Belges, et de Sombref par toute l'armée prussienne.

Il en serait de même de l'aile droite si elle poussait, le 15 au soir, jusqu'à Sombref, sans que l'aile gauche occupât les Quatre-Bras. Il est ainsi incontestable que l'occupation des deux points devait être simultanée pour qu'elle constituât une manœuvre habile et importante dans ses résultats.

Une autre réflexion m'est venue relativement à ces ordres du 15 juin ; c'est que ce jour-là le maréchal Grouchy ne commandait que les réserves de cavalerie et n'avait pas un homme d'infanterie à sa disposition, puisque ce ne fut que le 16 au matin que le commandement de l'aile droite lui fut conféré. Il serait donc bien possible que Napoléon eût recommandé au chef de sa cavalerie de pousser avec ses nombreux escadrons jusqu'à Sombref, non pour y prendre une position de combat, mais seulement comme une forte reconnaissance dans le double but de donner des renseignements certains, et de gêner en même temps les mouvements des alliés pour concentrer leurs forces par cette route transversale. Alors, dès le 16 au matin, les deux masses d'infanterie se seraient mises en devoir d'occuper militairement et simultanément les deux points décisifs de toute l'opération, pour rendre ainsi impossible la jonction des armées ennemies.

Cette circonstance du commandement de la cavalerie, à laquelle je n'avais pas donné assez d'attention, autoriserait bien à croire que Napoléon put ordonner à Grouchy, dans la journée du 15, de pousser jusqu'à Sombref, sans songer à porter des masses d'infanterie isolément aux Quatre-Bras. L'encombrement qui existait aux divers ponts de la Sambre, et les retards éprouvés par l'infanterie fortifient encore cette opinion. Du reste, je crois avoir démontré qu'il était plus prudent, et en même temps suffisant, de s'emparer des Quatre-Bras dès le 16 au matin.

La dernière observation que je crois juste de faire est relative à la résolution que prit le général Reille de ne pas mettre en marche son corps le 16 à 10 heures du matin, dès que le général Flahaut lui eut communiqué les ordres qu'il portait à M. le maréchal Ney. Je ne pense pas qu'on puisse lui adresser le moindre reproche à ce sujet : il ne faut pas oublier que le général Reille venait d'envoyer à 9 heures la nouvelle certaine de la présence de toute l'armée prussienne vers Ligny : il devait en conclure que la gauche serait appelée à prendre part à l'attaque de cette armée, et que ce serait un malheur si après de tels renseignements il s'engageait sur la route de Genape quand il faudrait se rabattre à droite vers Bry. Ce raisonnement était plus que logique, il était fondé sur les lois de la grande tactique, et l'Empereur lui-même, s'il eût été présent à Gosselies à la réception des renseignements donnés par le général Girard, n'aurait pas agi autrement que Reille. Il faut ajouter encore que les ordres de l'Empereur étaient adressés au maréchal Ney, et que c'était de celui-ci qu'il devait attendre la décision définitive du mouvement qu'il s'agirait de faire.

Du reste, ce retard eut une faible influence sur la marche des affaires ; il n'eut de résultat que sur la première période du combat des Quatre-Bras entre 2 et 4 heures. Si Reille, suivi plus tard par d'Erlon, fût arrivé sur ce point à midi, il est probable que le prince d'Orange en eût été délogé avant l'arrivée de Wellington et des Anglais venant de Bruxelles ou de Nivelles : le maréchal Ney, au lieu d'être repoussé et forcé à la retraite sur Frasne, se fût maintenu; mais c'était là tout ce qu'on pouvait espérer de lui, puisque vers le soir il aurait eu plus de 40,000 hommes sur les bras. Il n'aurait pu même conserver ce poste que dans la supposition où d'Erlon eût été avec lui, en sorte que cela n'eût pas donné un homme de plus pour combattre l'armée prussienne : le maréchal eût repoussé Wellington au lieu d'être repoussé par lui; voilà tout.

La bataille de Ligny ne pouvait donc avoir des suites décisives qu'en y portant tout ou moitié de l'aile gauche ; et pour obtenir ce résultat, le moyen le plus sûr était de faire ce que voulut sans doute faire Reille : arrêter la gauche derrière le ruisseau de Pont-à-Miqueloup, entre Gosselies et Frasne, pour en diriger une forte partie droit à Bry sur le flanc des Prussiens.

Je pense, monsieur le duc, que tous les militaires instruits seront de mon avis.

Agréez les nouvelles expressions de tous mes sentiments.

Général J*****.

Paris, 15 octobre 1841.

A M. LE LIEUTENANT-GÉNÉRAL BARON JOMINI.

Mon Général,

J'ai lu avec une vive satisfaction la lettre que vous m'avez fait l'honneur de m'adresser. Bien que vous ne vous soyez pas complétement rendu à mes arguments, et qu'il vous reste encore quelques doutes ; je dois néanmoins me féliciter en voyant que vous appréciez aujourd'hui à sa juste valeur ce qui a été si légèrement avancé et si souvent répété sur l'affaire des Quatre-Bras.

Selon vous, — la configuration du terrain, la disposition des routes, celle des armées ennemies, rendaient l'occupation *simultanée* de Sombref et des Quatre-Bras une opération importante. « En occupant » Sombref, on empêchait les Prussiens venant de Na- » mur de marcher aux Anglais, comme en occupant » les Quatre-Bras, *on empêchait les Anglais venant de* » *Nivelles et de Bruxelles de se joindre aux Prussiens.* » Cette double combinaison, dites-vous, ne pouvait » échapper à l'œil d'aigle de Napoléon. »

Il devait prescrire cette occupation simultanée ; — donc il l'a fait. C'est là votre principal raisonnement.

Avant d'aller plus loin, je constate un fait.

Dans votre esprit, comme dans celui de l'Empereur, l'importance des Quatre-Bras, relativement à la bataille du 16, n'existait pas le 15 ; les dispositions de manœuvres pour le lendemain ne pouvaient être arrêtées, alors que la bataille n'était pas encore prévue.

Le 15 au soir, l'occupation des Quatre-Bras n'avait

qu'un but, *empêcher les Anglais de se joindre aux Prussiens.*

Or, malgré la non-occupation, ce but a été complétement atteint; l'armée anglaise n'a pu se joindre à l'armée prussienne; pas un Anglais n'a paru sur le champ de bataille de Ligny; le maréchal Ney, avec 18,000 hommes, a arrêté toute l'armée anglaise; le général anglais n'a pu tenir la promesse qu'il avait faite à Blücher. « Il me fut impossible, dit-il dans son rap- » port, de lui donner du renfort comme je le désirais, » étant attaqué moi-même. »

Qu'importe donc, si les Anglais n'ont pu passer, que nos troupes aient été disposées d'une façon ou d'une autre, aux Quatre-Bras, en avant, en arrière, ou à côté !

Qu'importe donc, si le maréchal Ney avec Reille seul (et dans tout autre cas il ne pouvait avoir plus avec lui) a empêché la jonction des deux armées, qu'il ait ou n'ait pas occupé les Quatre-Bras, qu'il l'ait fait le 15 au soir, dans la nuit, le 16 au matin, ou à 2 heures !

Plus tard, dans la journée du 16, il pouvait être fort utile en effet que les deux corps de Reille et de d'Erlon fussent réunis aux Quatre-Bras, parce qu'alors le mouvement prescrit *à trois heures et demie* se serait exécuté *par la chaussée de Namur*. Mais cela ne pouvait avoir lieu que si Reille et d'Erlon eussent été ensemble; autrement et lors même que le maréchal Ney eût été aux Quatre-Bras le 15 au soir avec les trois divisions de Reille, il n'aurait pu « retirer un seul homme du feu » le lendemain, tout ce qu'il avait de troupes lui étant à peine suffisant pour tenir tête à l'armée anglaise et l'arrêter.

L'étendue de terrain occupé le jour du passage de la Sambre, la malheureuse direction prise par le premier corps, ont empêché sa réunion avec le deuxième; et par suite, le mouvement sur les derrières des Prussiens.

Si le maréchal, au lieu de pousser, le 15, jusqu'à Frasne, avait été jusqu'aux Quatre-Bras, la réunion des deux corps, devant avoir lieu plus loin, ne se fût certes pas opérée plus tôt. Le détachement sur la droite, pendant la bataille du 16, n'aurait pu davantage s'exécuter; les choses se seraient passées absolument de la même manière. Peut-être même, comme vous le dites, les troupes du deuxième corps eussent-elles été fort aventurées.

Néanmoins, quoique ce point de critique soit ramené à ses vraies proportions, je vous demande la permission de m'y arrêter un instant.

« Si vous parveniez, dites-vous, à démontrer que » l'ordre écrit et porté par Flahaut, le 16 au matin, » fut le premier et le seul qui ait prescrit l'occupation » des Quatre-Bras, alors le maréchal serait certaine- » ment plus que justifié de tout reproche, et à l'abri » de toute critique. »

Je vais chercher à le faire, en résumant le plus brièvement possible les motifs qui me font persister dans ma conviction.

Je veux bien admettre que l'Empereur, « au premier » coup d'œil sur la carte, » ait eu le projet que vous lui supposez, qu'après le passage de la Sambre, il ait décidé l'occupation simultanée de Sombref et des Quatre-Bras; mais il n'a pu croire long-temps à l'exécution possible de ce projet, et quand il vit le maréchal il avait dû y renoncer déjà, et il n'a pu lui en parler.

Le maréchal Ney, rappelez-vous, je vous prie, ce fait important, n'est arrivé à l'armée qu'à 7 heures ; à ce moment, l'Empereur devait savoir que le maréchal Grouchy éprouvait de la résistance, et comme il y a quatre lieues et demie de Gilly à Sombref, il ne pouvait espérer que des troupes déjà fatiguées et aux prises avec l'ennemi pussent franchir cette distance dans la soirée. Elles n'auraient pu arriver aussi loin qu'à 11 heures ou minuit. Or, si l'Empereur dut renoncer à pousser sa droite jusqu'à Sombref, il dut également abandonner le projet de jeter sa gauche en avant aux Quatre-Bras, « position aventurée » du moment où la double occupation ne pouvait avoir lieu. Si le maréchal Ney avait reçu à 7 heures cet ordre prétendu, à peine aurait-il eu le temps de se rendre de sa personne, au galop, aux Quatre-Bras, à quatre lieues et demie de Charleroi : comment l'infanterie aurait-elle pu suivre, après les marches forcées qu'elle avait faites, et au travers de l'encombrement des passages de Marchiennes et de Jumet ?

Tout en désirant que les Quatre-Bras fussent occupés, l'Empereur dut considérer que sa gauche n'y arriverait que vers 11 heures, décousue, morcelée, harassée ; il dut regarder ce mouvement comme hasardé à ce moment là, le différer et le remettre au lendemain.

Ce changement probable, et forcé par les circonstances, rend alors compréhensibles les lettres que je vais citer, et qui seraient en opposition directe avec la supposition contraire.

« *En avant* de Charleroi, à *trois heures* du soir, le 15 juin 1815.

» Monsieur le comte d'Erlon, l'Empereur ordonne à » monsieur le comte de Reille de marcher sur *Gosse-* » *lies*, etc. » (Page 25 de ma brochure, 1840.)

« Charleroi, 15 juin 1815.

» Monsieur le comte d'Erlon, l'intention de l'Empe-» reur est que vous ralliez votre corps sur la rive gauche » de la Sambre, pour rejoindre le deuxième corps à » *Gosselies*, d'après les ordres que vous donnera à ce » sujet monsieur le maréchal prince de la Moskowa. » (Page 25.)

La première de ces lettres est écrite *en avant* de Charleroi, avant l'arrivée du maréchal, pendant que l'Empereur est à cheval; la deuxième après la rentrée de l'Empereur à Charleroi, après sa rencontre avec le maréchal; toutes deux parlent de *Gosselies*, il n'est rien dit des *Quatre-Bras*. Est-il supposable qu'entre ces deux ordres écrits, semblables, l'Empereur en eût donné un troisième verbal, et différent de ceux-là?

Ces documents officiels, datés de l'époque, sont en outre appuyés sur le dire formel du général Heymès, qui, à cheval près du maréchal Ney, sur la route en avant de Charleroi, au moment de la rencontre avec l'Empereur, a entendu ce qui s'est dit, et en rend compte textuellement dans sa relation. Il y a peu de jours, il m'a répété de nouveau et de la manière la plus positive que le nom des Quatre-Bras n'a pas été prononcé dans cet entretien.

A ce témoignage important, à ces preuves écrites, on ne peut opposer que les ouvrages venus de Sainte-Hélène. J'y répondrai par vos propres paroles.

« Napoléon a écrit à Sainte-Hélène d'après des » souvenirs, n'ayant pas de documents écrits : sa mé-» moire était bonne, il est vrai; mais quand il s'agit » d'ordres verbaux donnés dans le brouhaba d'une » opération comme le passage de la Sambre, on peut » trois ans après se faire illusion, etc. »

Les deux ouvrages que vous citez se sont d'ailleurs trompés complétement sur plusieurs points ; il est donc permis de douter de leur exactitude sur les autres, et de ne croire à leurs assertions qu'après examen.

Ainsi, par exemple, l'un d'eux a dit que le 15 à 10 heures du matin le maréchal Ney aurait dû être maître des Quatre-Bras ! Or, on sait qu'à ce moment-là le maréchal était seul à Beaumont, et qu'il n'avait pas encore rejoint l'armée. Tous deux affirment que M. le général Flahaut porta *dans la nuit* l'ordre au maréchal Ney de s'emparer des Quatre-Bras *à la pointe du jour*, et l'on sait aussi à ne pouvoir plus en douter que *dans la nuit* le maréchal était auprès de l'Empereur, et que M. le général Flahaut n'a pu remettre l'ordre dont il était chargé que vers 11 heures ou midi. A côté d'erreurs aussi graves, aussi bien démontrées, provenant de souvenirs confus et éloignés ; en l'absence de preuves par écrit, lorsqu'au contraire j'en apporte de favorables à ma cause, après avoir entendu la déclaration du général Heymès, on ne peut vraiment pas admettre comme irrécusables en tous points les deux ouvrages que vous citez.

J'ajoute enfin que dans les termes de la lettre de l'Empereur, portée par le général Flahaut (page 32), on ne trouve rien qui puisse faire supposer que la veille ou dans la nuit il ait été question des Quatre-Bras ; tout y est nouveau, et les instructions de l'Empereur ne sont pas une répétition de ce qui aurait été dit précédemment.

Les termes de la lettre du major-général sont plus explicites encore, et ne permettent pas un doute ; je les répète, car je ne saurais trop les graver dans la mémoire.

« Charleroi, 16 juin 1815. » (Page 27.)

« Monsieur le maréchal, l'Empereur ordonne que » vous *mettiez en marche* les 2ᵉ et 1ᵉʳ corps d'armée, » ainsi que le 3ᵉ corps de cavalerie, qui a été mis à » votre disposition *pour les diriger* sur l'intersection » des chemins dits *les Trois-Bras* (route de Bruxelles), » où vous leur ferez prendre position.... »

Ces expressions, « que *vous mettiez en marche* » — *pour les diriger*; cette intersection de chemins, dont on explique la position, pour qu'il n'y ait pas confusion avec d'autres; ce nom qu'on sait mal, parce qu'on ne s'est pas encore occupé des Quatre-Bras; tout cela prouve qu'il n'y a pas eu d'ordre antérieur, que celui-ci a prescrit le premier mouvement.

Dans sa lettre au président du gouvernement provisoire (*Moniteur* du 26 juin 1815), le maréchal Ney dit: « *Le* 16 je reçus l'ordre d'attaquer les Anglais dans » leur position des Quatre-Bras; » ce qui est d'accord avec tout le reste.

La lettre du 17 du major-général (page 45) ne reproche pas au maréchal de n'avoir pas occupé les Quatre-Bras le 15, mais seulement de n'avoir pas eu ses divisions réunies, ce qui n'a pas dépendu de sa volonté. Si près des événements on avait meilleure mémoire, et l'on ne parlait pas des ordres prétendus qui n'avaient pu être donnés.

La réponse du maréchal au général Reille, dont celui-ci rend compte dans sa notice (page 57) ; ce que M. le maréchal duc de Dalmatie a bien voulu me dire en 1829; enfin, comme vous le faites si judicieusement remarquer, le soin extrême pris par l'Empereur vers 8 ou 9 heures du matin d'envoyer deux officiers, un de l'état-major général, l'autre son propre aide-de-camp;

les détails que contiennent ces ordres doubles, précautions superflues, s'il s'agissait d'exécuter des instructions données la veille ou dans la nuit; ces faits réunis forment un faisceau de preuves, qui toutes marchent d'accord, s'appuient et se soutiennent; un seul de ces arguments serait suffisant, si on était moins prévenu; chacun devient inexplicable si l'on persiste dans la croyance opposée.

« Je crois trop bien connaître le génie de l'Empe-
» reur, dites-vous, pour douter qu'il ait conçu, dès
» le 15 juin, le projet de faire occuper les Quatre-
» Bras. »

Soit. — Mais pour *concilier* cette pensée avec ce qui précède, il faut nécessairement admettre que l'Empereur a dû reconnaître l'impossibilité de mettre ce projet à exécution le jour même, soit à cause de l'heure avancée et de la distance à parcourir encore, soit à cause de la dissémination des troupes et de la résistance que l'ennemi avait fait éprouver au maréchal Grouchy et au général Reille. Il dut remettre cette opération au lendemain; et en effet, nous la trouvons parfaitement formulée dans la lettre portée par le général Flahaut, ainsi que dans celle du maréchal Soult. Peut-être l'Empereur aura-t-il désiré cette combinaison le 15 au matin, et on en aura parlé alors, ce qui m'expliquerait jusqu'à un certain point l'inconcevable imputation de n'avoir pas occupé les Quatre-Bras le 15 à 10 heures du matin!

Ces idées, certainement antérieures à l'arrivée du maréchal Ney, *si elles ont existé*, se seront mal classées dans la mémoire de l'Empereur et dans celle des personnes qui l'entouraient. De là probablement cette transposition de souvenirs, que l'on aura appliqués à ce qui aurait dû se passer quelques heures plus tard. Sans accuser l'Empereur ou ceux qui ont écrit en son nom, d'avoir avancé sciemment un fait inexact, il est permis de penser que, sentant le besoin de se justifier d'une grande catastrophe, et ne possédant aucun renseignement que ceux que lui fournissait sa mémoire, il se sera rappelé le désir fugitif de faire occuper les Quatre-Bras et Sombref dès le 15, et qu'il aura confondu ce désir avec des ordres positivement donnés.

Mais croire aux versions de Sainte-Hélène, complétement, mot à mot, sans les modifier, sans les adapter aux pièces écrites, aux ordres contraires, aux témoignages des hommes présents et aux probabilités les plus simples, sans tenir compte des contradictions inexplicables qui en résultent, c'est en vérité avoir une foi trop inébranlable, et je ne puis, devant l'évidence des faits, partager la réserve qui vous empêche d'exprimer plus formellement votre opinion.

Au reste, l'Empereur, comme vous le citez, dit lui-même que, le 15 ou soir, tout avait *réussi à souhait*, ce qui prouve le peu d'importance qu'il attachait à l'occupation partielle et isolée des Quatre-Bras, et qu'il trouvait bon que le 15 on fût resté à Gosselies.

Vous terminez vos observations sur ce qui a dû se passer dans la nuit du 15 au 16 en disant que « *si un » premier ordre fut réellement donné le* 15 *au soir*, » l'Empereur a dû énoncer dans la conférence de la » nuit qu'il en enverrait de nouveaux le lendemain. » Conclusion conforme à ce que j'ai cru jusqu'à présent.

Vous cherchez ensuite à expliquer quelques retards qui auraient eu lieu le matin du 16, par suite de mouvements de l'ennemi et de rapports adressés à l'Empereur. Tout cela est en effet assez confus dans le livre IX ; rien ne prouve que l'officier d'état-major de la gauche fût envoyé par le maréchal Ney.

La relation du colonel Heymès, celle du général Reille, disent que l'attaque de la gauche a eu lieu vers une heure ou deux.

L'Empereur lui-même n'a pas commencé la sienne avant 2 heures et demie. Dans sa lettre du 16 au matin (page 32) il écrivait : « Mon intention est que immé- » diatement *après* que j'aurai pris mon parti, vous » soyez prêt à marcher sur Bruxelles. » Dans celle datée de 2 heures, en avant de Fleurus (page 40), il fait dire : « A 2 heures et demie, monsieur le maréchal Grouchy » attaquera ; l'intention de Sa Majesté est que vous at- « taquiez *aussi* ce qui est devant vous, etc. » Il y a évidemment là une pensée de *simultanéité* d'attaques. Le maréchal ne peut donc pas être accusé de retard, puisqu'en commençant à 2 heures, il le faisait avant d'avoir reçu cet ordre daté de 2 heures, qui n'a pu arriver avant 4.

Avec votre habileté ordinaire pour juger et expliquer les opérations militaires, vous avez tenu compte des motifs puissants qui ont déterminé le maréchal Ney à rappeler à lui le corps de d'Erlon. J'ajouterai, et je crois l'avoir démontré dans ma brochure, que cela était nécessaire pour exécuter le mouvement par *la chaussée de Namur*, sur les derrières des Prussiens, ainsi que l'Empereur le voulait ; mouvement qu'il ne faut pas confondre avec celui qui a malheureusement eu lieu, et que l'Empereur qualifie d'*inexplicable.*

Quant à la grande et magnifique charge de cavalerie que quelques auteurs ont trouvée intempestive, et qui aurait eu de si grands résultats si elle avait été soutenue, elle ne sera plus, j'espère, un sujet de reproche contre le maréchal. L'Empereur ne la lui impute pas dans le livre IX, et le général Heymès, dans sa notice si claire et si précise, l'explique parfaitement.

En résumé :

Par respect pour les versions venues de Sainte-Hélène et par un sentiment dont je comprends jusqu'à un certain point la réserve, mais que je ne puis éprouver, vous vous bornez à exprimer des doutes (bien faibles il est vrai) sur un seul point de ce débat ; sur les autres nous sommes d'accord, et nous le serions sur tous, si vous admettiez mon explication, qui peut concilier toutes les opinions.

Les recherches que vous avez pris la peine de faire avec tant de persévérance, les nouveaux renseignements que vous avez obtenus vous ayant mieux informé, vous avez eu la rare franchise de modifier des opinions que vous aviez déjà émises dans votre Vie de Napoléon : c'est une bonne foi que d'autres imiteront, je l'espère.

Votre travail, habile et consciencieux, m'aide puissamment dans la tâche que je me suis imposée et qui est un devoir sacré pour moi. J'ai la conviction qu'après avoir lu attentivement votre lettre, aucun écrivain véridique n'osera plus répéter que les fautes du maréchal Ney ont coopéré au désastre de 1815.

Je dois donc, mon général, quoique vous ayez été uniquement guidé dans cette discussion par un sentiment de justice et par le désir d'être historien exact et impartial, vous exprimer ma reconnaissance pour le solide appui que vous me donnez. Je le fais du fond du cœur, en vous priant d'agréer en même temps l'assurance de mes sentiments de considération la plus distinguée.

LE DUC D'ELCHINGEN.

16 octobre 1841.

P. S. Au moment où je finissais cette lettre, je reçois le post-scriptum que vous avez ajouté à votre travail. Vous y développez deux arguments fort importants, surtout celui qui a rapport au commandement en chef de la cavalerie, que le maréchal Grouchy avait le 15. Il est évident en effet que le motif qui vous portait à croire que l'Empereur avait dû ordonner l'occupation des Quatre-Bras, par cela seul qu'il avait prescrit à Grouchy d'occuper Sombref, tombe de lui-même, et chacun conclura comme vous que l'occupation militaire par les trois armes ne pouvait avoir lieu simultanément que le 16, ce qui était suffisant pour la réussite du projet d'opération.

Il ne reste donc rien qui pourrait autoriser le moindre doute de votre part, si ce ne sont les assertions tardives et fort hasardées venues de Sainte-Hélène, mais elles sont évidemment trop partiales pour changer vos convictions.

D'après cela, je conclus avec une vive satisfaction que nous sommes d'accord, et j'ai même hésité à publier ma lettre, car elle ne contient guère actuellement que la répétition des deux vôtres et de ma brochure; cependant les préventions qui existent depuis longtemps sont si difficiles à déraciner, qu'il ne peut y avoir inconvénient à redire la vérité, et chercher à la faire comprendre en employant toutes les formes; c'est d'ailleurs un moyen pour moi de vous remercier, et je regretterais de l'avoir laissé échapper.

www.ingramcontent.com/pod-product-compliance
Lightning Source LLC
LaVergne TN
LVHW021715230826
846091LV00006BA/2186

* 9 7 8 2 0 1 1 7 8 3 9 8 1 *